Impressum
Verlag: BABADADA GmbH, Nedderfeld 112 , 22529 Hamburg
Geschäftsführer / Verlagsleitung: Harald Hof
Druck: Books on Demand GmbH, In de Tarpen 42, 22848 Norderstedt

Imprint
Publisher: BABADADA GmbH, Nedderfeld 112 , 22529 Hamburg, Germany
Managing Director / Publishing direction: Harald Hof
Print: Books on Demand GmbH, In de Tarpen 42, 22848 Norderstedt

l'école

chikoro

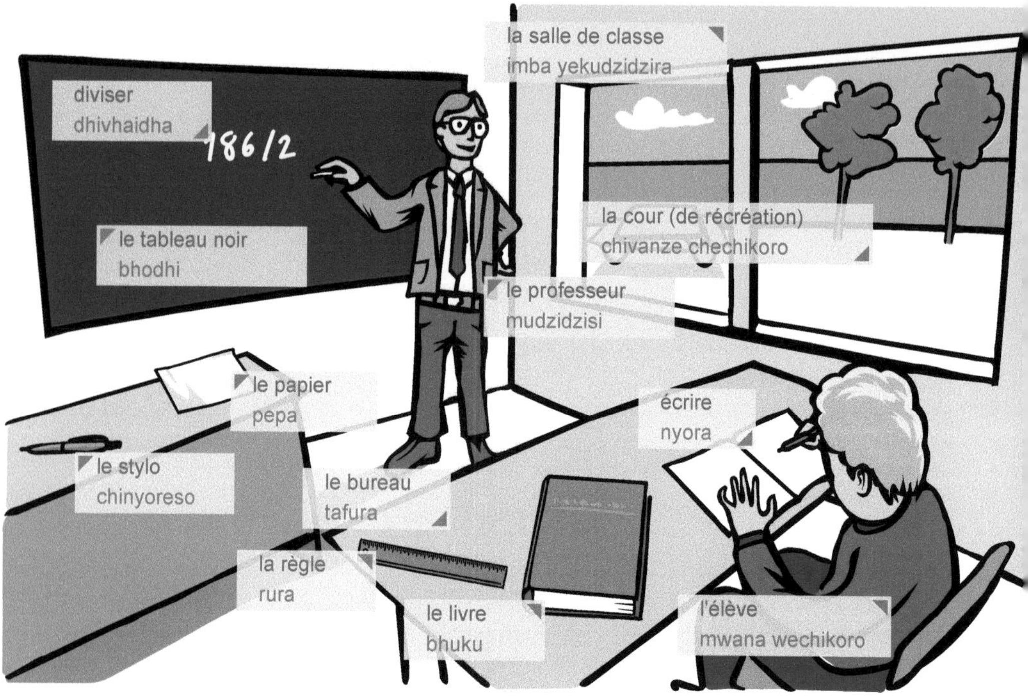

la salle de classe
imba yekudzidzira
diviser
dhivhaidha
186/2
le tableau noir
bhodhi
la cour (de récréation)
chivanze chechikoro
le professeur
mudzidzisi
le papier
pepa
écrire
nyora
le stylo
chinyoreso
le bureau
tafura
la règle
rura
le livre
bhuku
l'élève
mwana wechikoro

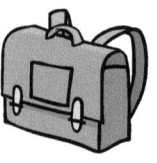

le cartable

bhegi

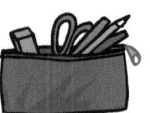

la trousse

chekuchengetera mapenzura

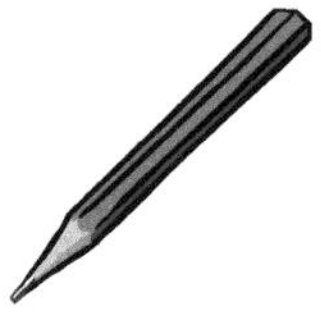

le crayon

penzura

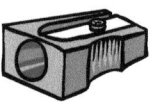

le taille-crayon

chekurodzesa mapenzura

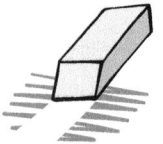

la gomme

rabha

le carnet à dessin

bhuku rekudhirowera mifananidzo

le dessin

mufananidzo wakadhirowewa

le pinceau

bhurasho rekupendesa

la boîte de peinture

bhokisi rependi

les ciseaux

chigero

la colle

guruu

le cahier d'exercices

bhuku rekunyorera

les devoirs

basa rinoitirwa kumba

le chiffre

nhamba

additionner

sanganisa

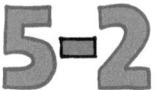

soustraire

bvisa

multiplier

wanziridza

calculer

kakureta

la lettre

bhii

l'alphabet

arufabheti

le mot

shoko

l'école - chikoro

le texte

mashoko

lire

kuverenga

la craie

choko

la leçon

chidzidzo

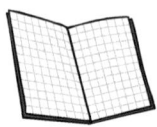

le livre de classe

bhuku remazita

l'examen

bvunzo

le certificat

setifiketi

l'uniforme scolaire

yunifomu yekuchikoro

la formation

dzidzo

le lexique

encyclopedia

l'université

yunivhesiti

le microscope

maikorosikopu

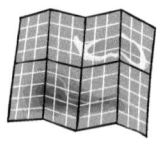

la carte

mepu

la corbeille à papier

bhini remapepa

l'école - chikoro

le voyage
rwendo

l'hôtel
hotera
Grand
l'auberge
mahostera
ROOMS
le bureau de change
panochinjwa mari
CHANGE
la valise
sutukesi
la voiture
mota

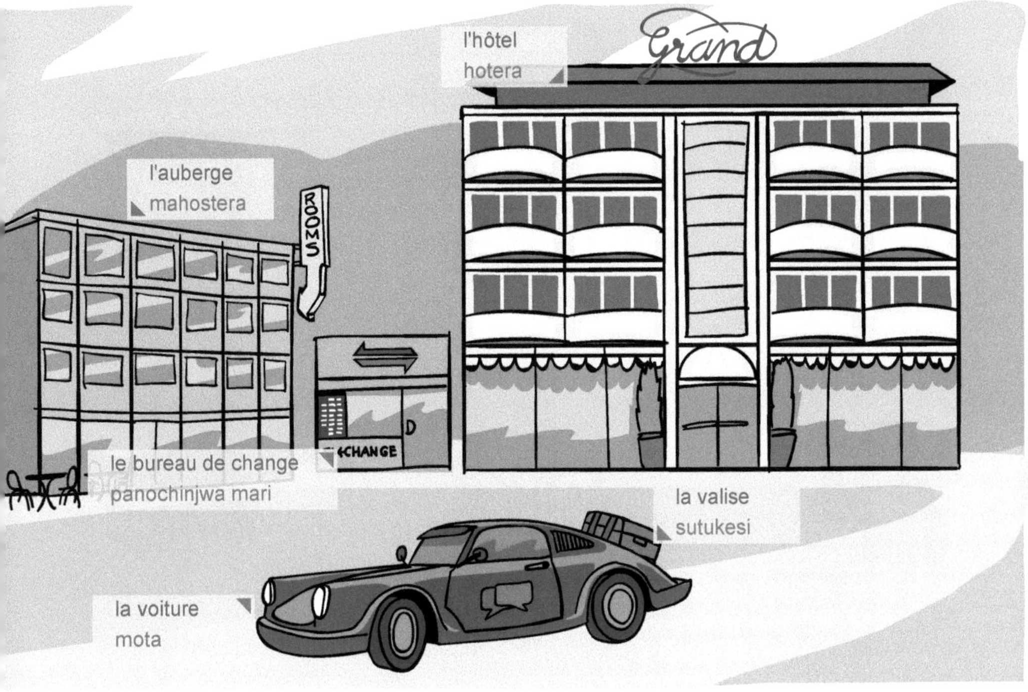

la langue
mutauro

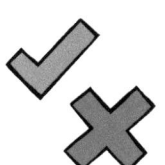

oui / non
hongu / kwete

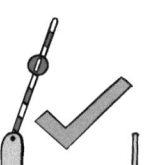

d'accord
Zvakanaka

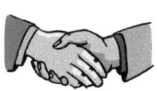

Salut
hesi

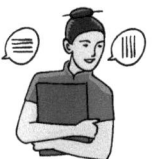

l'interprète
mushanduri

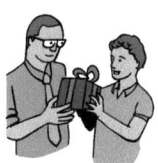

merci
Mazvita

Combien coûte...?

Imarii... ?

Je ne comprends pas

Handisi kunzwisisa

le problème

dambudziko

Bonsoir !

Manheru!

Bonjour !

Mangwanani!

Bonne nuit !

Murare zvakanaka

Au revoir

toonana

la direction

mafambiro

les bagages

katundu

le sac

bhegi

le sac-à-dos

bhegi rekumusana

l'hôte

muenzi

la pièce

imba

le sac de couchage

bhegi rekurarira

la tente

tendi

l'office de tourisme

mashoko evafambi

la plage

mahombekombe

la carte de crédit

kadhi rekubhengi

le petit-déjeuner

kudya kwemangwanani

le déjeuner

kudya kwemasikati

le dîner

kudya kwemanheru

le billet

tiketi

l'ascenseur

chikwidzo

le timbre

chitambi

la frontière

muganhu

la douane

vanoona nezvekupinda
munyika

l'ambassade

vamiririri venyika

le visa

vhiza

le passeport

pasipoti

le transport
zvifambiso

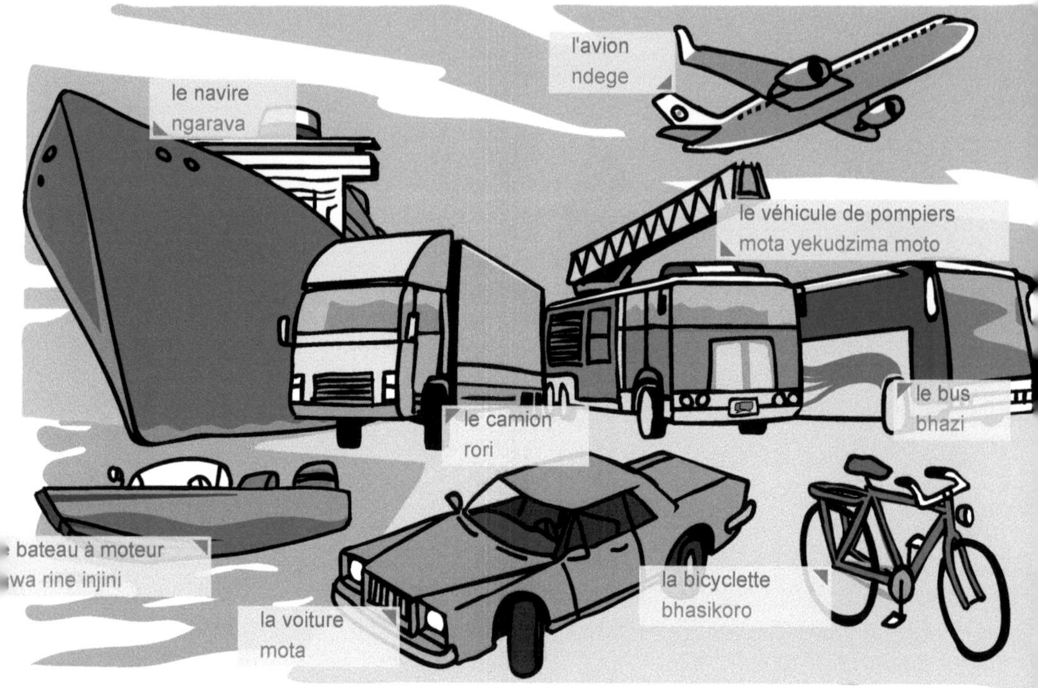

l'avion
ndege
le navire
ngarava
le véhicule de pompiers
mota yekudzima moto
le bus
bhazi
le camion
rori
bateau à moteur
wa rine injini
la bicyclette
bhasikoro
la voiture
mota

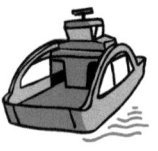

le ferry

igwa

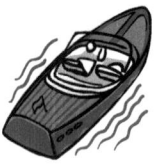

la barque

igwa

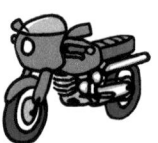

la moto

mudhudhudhu

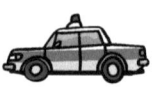

la voiture de police

mota yemapurisa

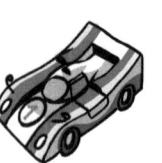

la voiture de course

mota yemujaho

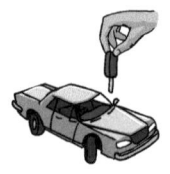

la voiture de location

mota yekuhaya

l'auto-partage

kuhaya mota

la voiture de remorquage

mota inodhonza dzinenge dzafa

la benne à ordures

mota yemabhini

le moteur

injini

l'essence

mafuta

la station d'essence

garaji remafuta

le panneau indicateur

chikwangwani chemumugwagwa

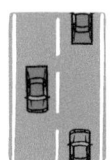

le trafic

mota

l'embouteillage

mota dzakawandisa

le parking

panopakwa mota

la gare

chiteshi chezvitima

les rails

njanji

le train

chitima

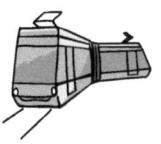

le tramway

tram

le wagon

chitima

l'hélicoptère

chikopokopo

l'aéroport

nhandare yendege

la tour

nharire

le passager

mufambi

le conteneur

chikondena

le carton

kadhibhodhi bhokisi

le chariot

ngoro

la corbeille

bhasiketi

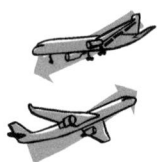

décoller / atterrir

simuka / mhara

la ville

guta

le village

musha

le centre-ville

pakati peguta

la maison

imba

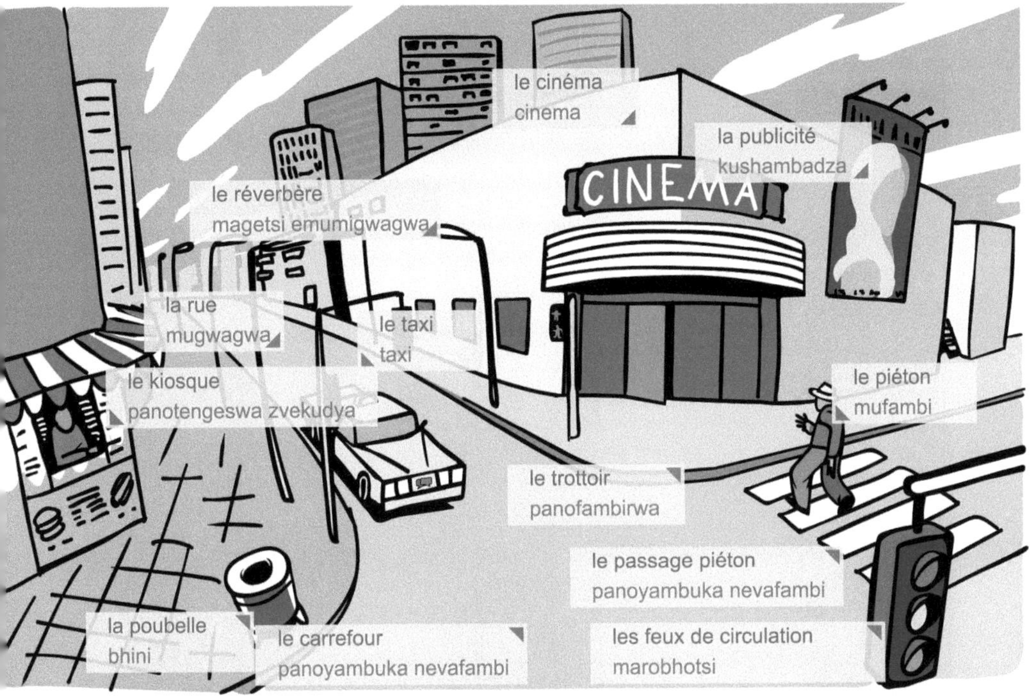

le cinéma
cinema

la publicité
kushambadza

le réverbère
magetsi emumigwagwa

la rue
mugwagwa

le taxi
taxi

le kiosque
panotengeswa zvekudya

le piéton
mufambi

le trottoir
panofambirwa

le passage piéton
panoyambuka nevafambi

la poubelle
bhini

le carrefour
panoyambuka nevafambi

les feux de circulation
marobhotsi

CINEMA

la cabane

imba

l'appartement

mafurati

la gare

chiteshi chezvitima

la mairie

imba yeguta

le musée

muziyamu

l'école

chikoro

l'université

yunivhesiti

la banque

bhengi

l'hôpital

chipatara

l'hôtel

hotera

la pharmacie

panotengeswa mishonga

le bureau

hofisi

la librairie

chitoro chemabhuku

le magasin

chitoro

le fleuriste

panotengeswa maruva

le supermarché

supamaketi

le marché

musika

le grand magasin

chitoro chine
madhipatimendi

la poissonnerie

panotengeswa hove

le centre commercial

nzimbo ine zvitoro

le port

chiteshi chengarava

le parc

paki

la banque

bhenji

le pont

bhiriji

les escaliers

masitepisi

le métro

nzira inoenda nepasi

le tunnel

mugwagwa wepasi

l'arrêt de bus

panokwirirwa mabhazi

le bar

bhawa

le restaurant

resitorendi

la boîte à lettres

bhokisi retsamba

le panneau indicateur

chikwangwani
chemugwagwa

le parcmètre

mita yekupaka

le zoo

munochengeterwa mhuka

le réverbère

kunotuhwinirwa

la mosquée

mosque

la ferme
purazi

la pollution
kusvibisa

la cimetière
kumakuva

l'église
chechi

l'aire de jeux
pekutambira

le temple
temberi

le paysage
mamiriro akaita nzvimbo

la feuille
shizha

le panneau indicateur
chikwangwani

le chemin
nzira

le pré
mafuro

la pierre
dombo

le randonneur
mufambi

l'arbre
muti

la rivière
rwizi

l'herbe
uswa

la fleur
ruva

la vallée

mupata

la montagne

gomo

le lac

dhamu

la forêt

sango

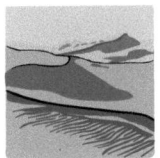

le désert

gwenga

le volcan

chikwatamabwe

le château

zimba

l'arc-en-ciel

muraraungu

le champignon

hohwa

le palmier

muchindwe

le moustique

umhutu

la mouche

nhunzi

les fourmis

svosve

l'abeille

nyuchi

l'araignée

buve

le coléoptère

chipembenene

la grenouille

datya

l'écureuil

tsindi

le hérisson

nungu

le lièvre

tsuro

la chouette

zizi

l'oiseau

shiri

le cygne

swan

le sanglier

nguruve yemusango

le cerf

nondo

l'élan

moose

le barrage

dhamu

l'éolienne

injini yemhepo

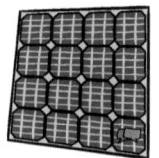

le panneau solaire

panero rezuva

le climat

mamiriro ekunze

le restaurant

resitorendi

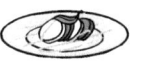

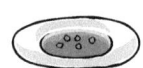

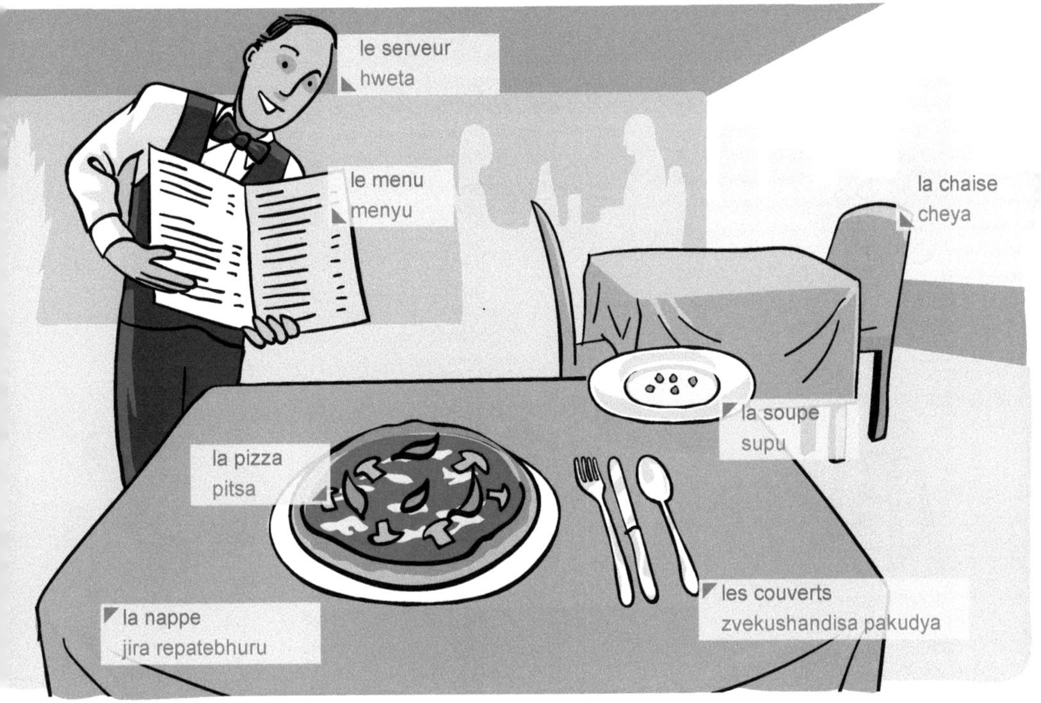

le serveur
hweta
le menu
menyu
la chaise
cheya
la soupe
supu
la pizza
pitsa
les couverts
zvekushandisa pakudya
la nappe
jira repatebhuru

les hors d'œuvre

zvekusosa nzara

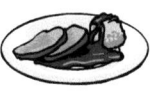

le plat principal

zvekudya

le dessert

zvekuseredzera

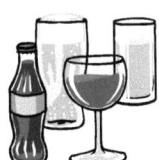

les boissons

zvekunwa

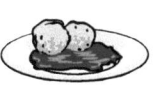

l'alimentation

zvekudya

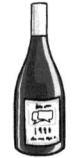

la bouteille

bhodhoro

le fast-food

zvekudya zvisingatori nguva
kubika

les plats à emporter

chikafu chinotengeswa
munzira

la théière

tipoti

le sucrier

gabha reshuga

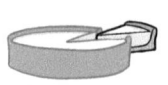

la portion

chidimbu

la machine à expresso

muchina wekofi

la chaise haute

cheya yemwana

la facture

bhiri

le plateau

tureyi

le couteau

banga

la fourchette

forogo

la cuillère

chipunu

la cuillère à thé

chipunu

la serviette

zvekupukutisa muromo

le verre

girazi

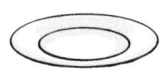

l'assiette

ndiro

l'assiette à soupe

ndiro yesupu

la soucoupe

ndiro

la sauce

supu

la salière

chekuisira sauti

le moulin à poivre

chekugaya mhiripiri

le vinaigre

vhiniga

l'huile

mafuta

les épices

masipaisi

le ketchup

ketchup

la moutarde

mustard

la mayonnaise

mayonaizi

le supermarché
supamaketi

l'offre promotionnelle
zvaderedzwa mitengo
FOR
le client
mutengi
les produits laitiers
zvinogadzirwa nemukaka
les fruits
michero
le chariot
chingoro

BUTCHERS

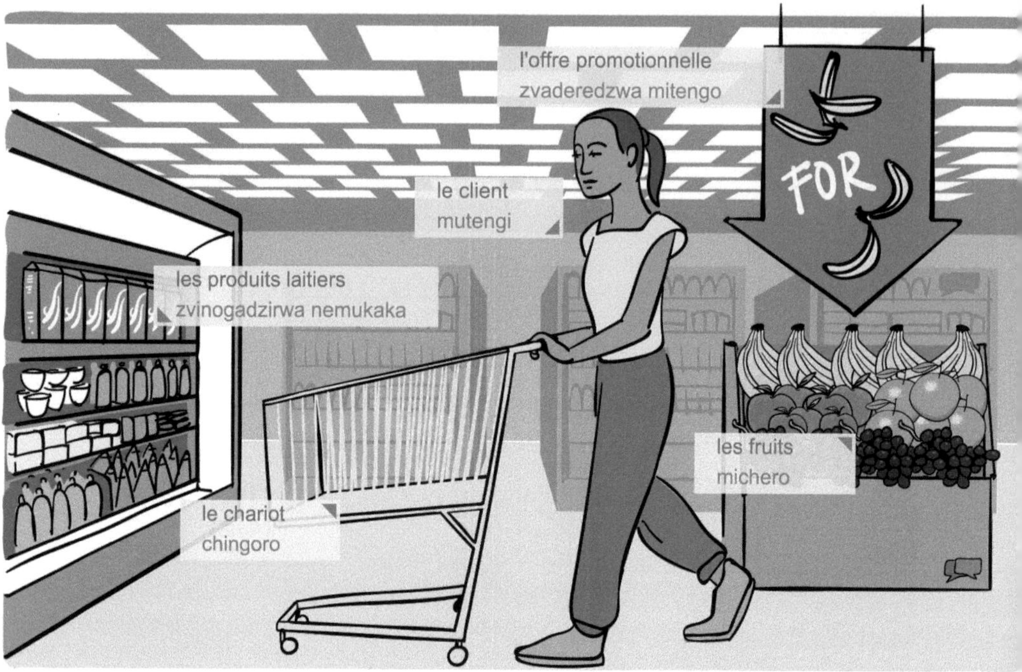

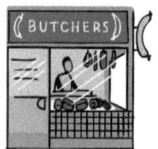

la boucherie

panotengeswa nyama

BAKERY

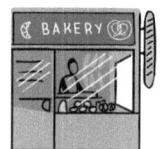

la boulangerie

panotengeswa chingwa

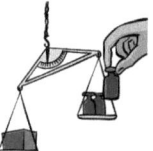

peser

kuyera

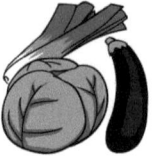

les légumes

miriwo

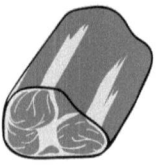

la viande

nyama

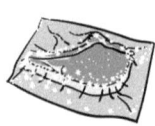

les aliments surgelés

zvekudya zvakaoma nechando

la charcuterie

nyama yakatonhora

les conserves

zvekudya zvemugaba

la poudre à lessive

sipo yeupfu yekuwachisa

les bonbons

masuwiti

les articles ménagers

zvekushandisa mumba

les détergents

zvekuchenesa nazvo

la vendeuse

mutengesi

la caisse

tiru

le caissier

mutengesi

la liste d'achats

zviri kuda kutengwa

les heures d'ouverture

nguva dzekuvhura

le portefeuille

chikwama

la carte de crédit

kadhi rekubhengi

le sac

bhegi

le sac en plastique

pepa rekuisira

l'eau

mvura

le jus de fruit

muto wemichero

le lait

mukaka

le coca

coke

le vin

waini

la bière

doro

l'alcool

doro

le chocolat chaud

cocoa

le thé

tii

le café

kofi

l'expresso

kofi

le cappuccino

cappuccino

la banane

bhanana

la pomme

apuro

l'orange

orenji

le melon

nwiwa

le citron.

ndimu

la carotte

karotsi

l'ail

gariki

le bambou

mushenjere

l'oignon

hanyanisi

le champignon

hohwa

les noisettes

nzungu

les pâtes

manoodle

les spaghetti

spaghetti

le riz

mupunga

la salade

saradhi

les pommes frites

machipisi

les pommes de terre rôties

mbatatisi dzakafuraiwa

la pizza

pitsa

le hamburger

chingwa chakaruma nyama

le sandwich

sangweji

l'escalope

nhindi

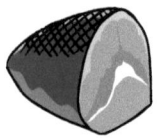

le jambon

ham

le salami

salami

la saucisse

soseji

le poulet

huku

le rôti

gochwa

le poisson

hove

les flocons d'avoine

bota reoats

le muesli

muesli

les cornflakes

macornflake

la farine

furawa

le croissant

croissant

les petits-pains

chingwa

le pain

chingwa

le pain grillé

chingwa chakagochwa

les biscuits

mabhisikiti

le beurre

bhata

le fromage blanc

ige

le gâteau

keke

l'œuf

zai

l'œuf au plat

zai rakafuraiwa

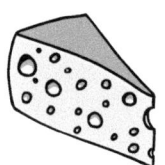

le fromage

chizi

la glace

aizikirimu

le sucre

shuga

le miel

huchi

la confiture

jemu

la crème nougat

chocolate yekuzora

le curry

curry

la ferme
purazi

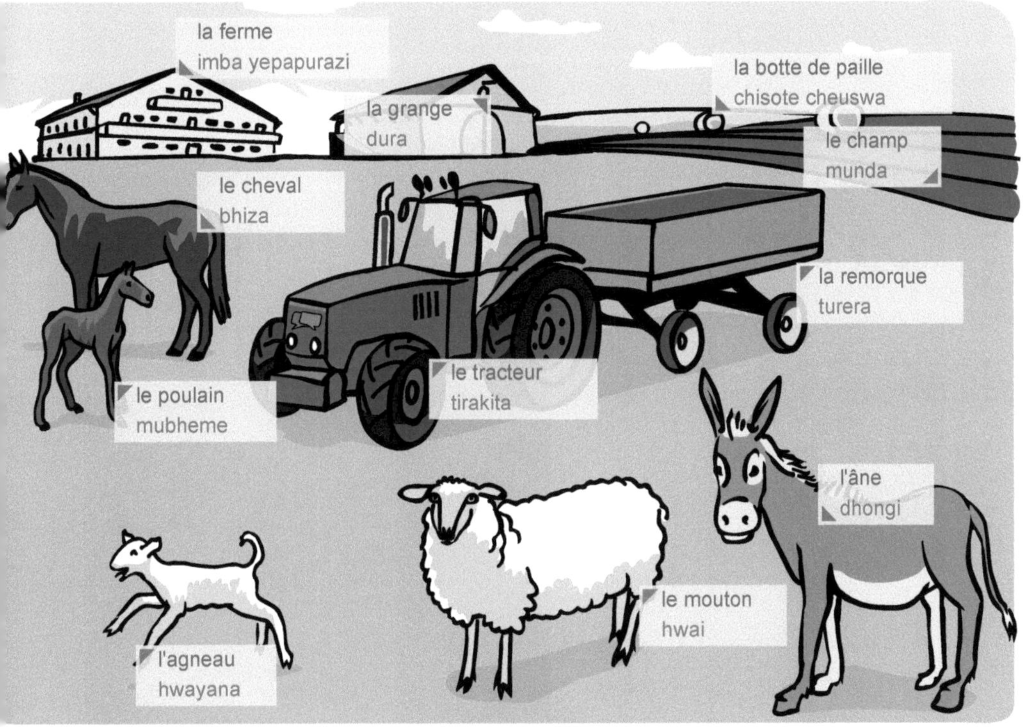
la ferme
imba yepapurazi
la grange
dura
la botte de paille
chisote cheuswa
le champ
munda
le cheval
bhiza
la remorque
turera
le tracteur
tirakita
le poulain
mubheme
l'âne
dhongi
le mouton
hwai
l'agneau
hwayana

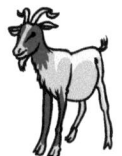

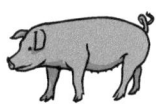

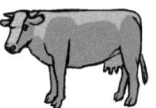

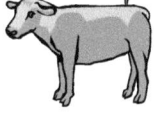

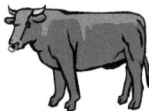

la chèvre

mbudzi

la vache

mhou

le veau

mhuru

le porc

nguruve

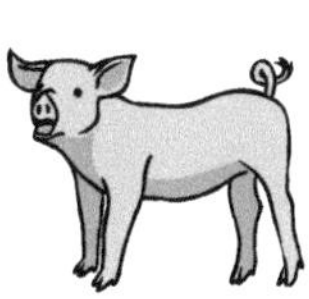

le porcelet

chigwi

le taureau

bhuru

l'oie

dhadha

le canard

dhakisi

le poussin

nhiyo

la poule

tseketsa

le coq

jongwe

le rat

gonzo

le chat

katsi

la souris

mbeva

le bœuf

dhonza

le chien

imbwa

le chenil

imba yembwa

le tuyau de jardin

pombi yemvura

l'arrosoir

keni yekudiridzisa

la faucheuse

jeko

la charrue

gejo

la faucille
jeko

la pioche
badza

la fourche
forogo

la hache
demo

la brouette
bhara

la cuve
chidyiro

le pot à lait
bhodhoro remukaka

le sac
saga

la clôture
fenzi

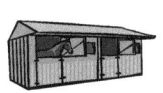

l'étable
danga

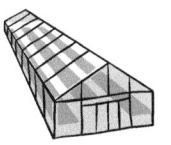

le serre
greenhouse

le sol
ivhu

les semences
mbeu

l'engrais
fetereza

la moissonneuse-batteuse
mota yekukohwesa

récolter

kukohwa

la récolte

gohwo

l'igname

mbatatisi

le blé

gorosi

le soja

soya

la pomme de terre

mbatatisi

le maïs

chibage

le colza

rapeseed

l'arbre fruitier

muti wemichero

le manioc

mufarinya

les céréales

mbesa

la maison
imba

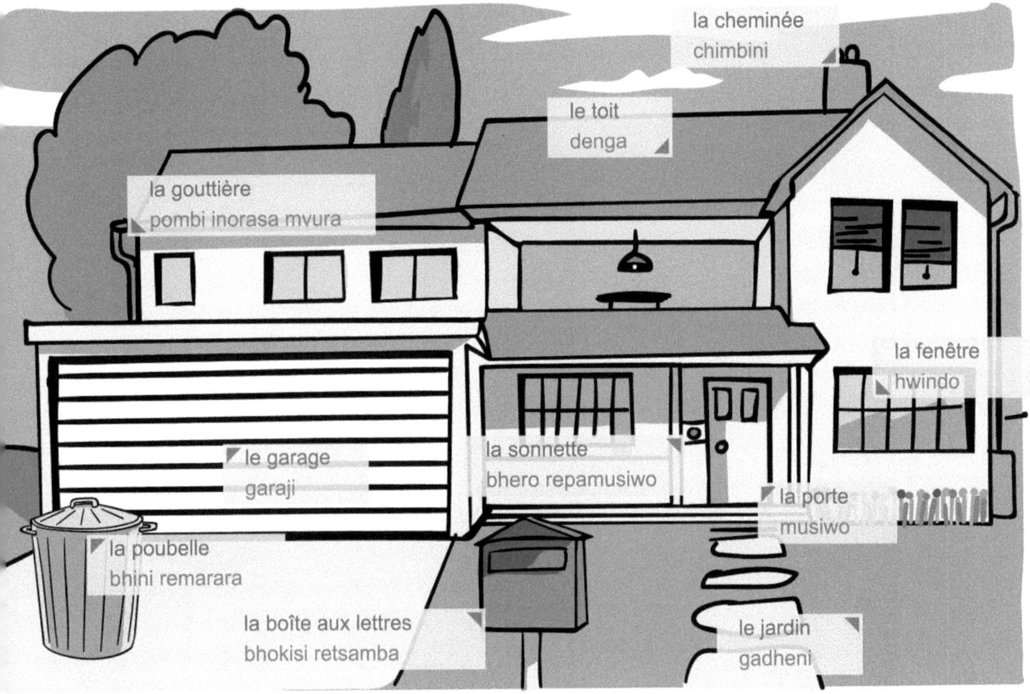

la cheminée
chimbini
le toit
denga
la gouttière
pombi inorasa mvura
la fenêtre
hwindo
le garage
garaji
la sonnette
bhero repamusiwo
la porte
musiwo
la poubelle
bhini remarara
la boîte aux lettres
bhokisi retsamba
le jardin
gadheni

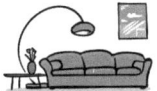

le salon

imba yekutandarira

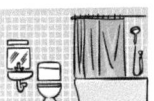

la salle de bain

mekugezera

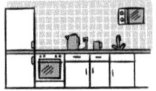

la cuisine

kicheni

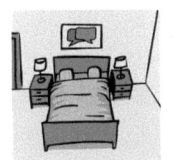

la chambre à coucher

imba yekurara

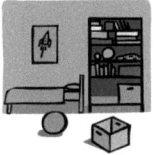

la chambre d'enfant

imba yemwana

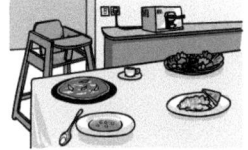

la salle à manger

imba yekudyira

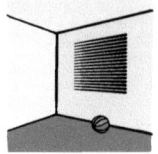

le sol

uriri

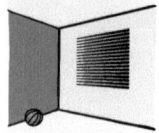

le mur

madziro

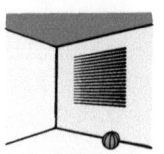

le plafond

denga

la cave

imba yepasi

le sauna

sauna

le balcon

vharanda repadenga

la terrasse

uriri hwepadenga

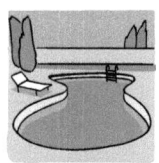

la piscine

dziva rekushambira

la tondeuse à gazon

muchina wekuchekesa uswa

la housse

jira

la couette

chekufukidza mubhedha

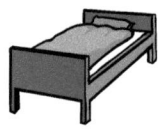

le lit

mubhedha

le balai

bhurumu

le sceau

bhaketi

l'interrupteur

suwichi

le salon

imba yekutandarira

le papier peint
pepa remadziro
l'image
pikicha
la lampe
rambi
l'étagère
sherufu
l'armoire
kabhati
la télé
TV
la cheminée
nzvimbo yemoto
la fleur
ruva
le coussin
kusheni
le sofa
sofa
le vase
vhazi
la télécommande
rimoti

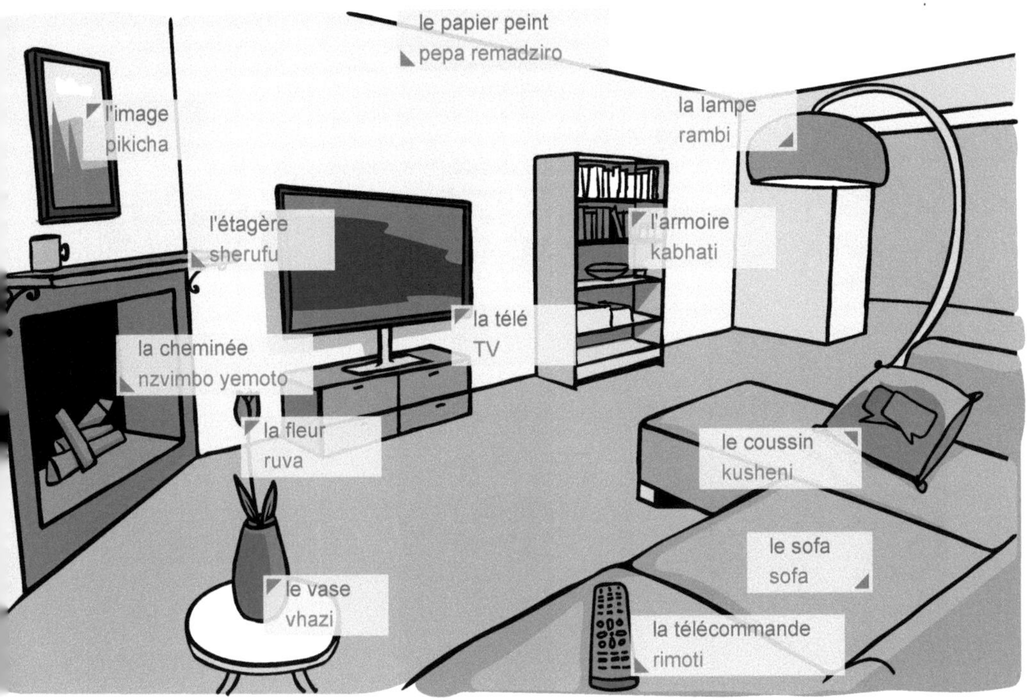

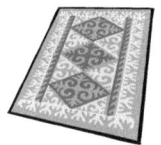

le tapis

kapeti

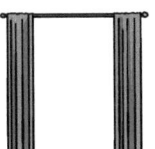

le rideau

keteni

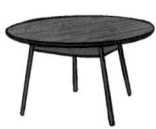

la table

tebhuru

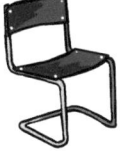

la chaise

cheya

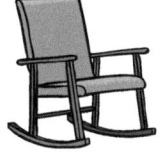

la chaise à bascule

cheya inozeya

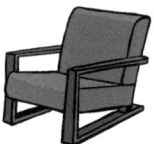

le fauteuil

cheya ine pekuisa maoko

le livre

bhuku

la couverture

gumbeze

la décoration

marongedzero

le bois de chauffage

huni

le film

firimu

la chaîne hi-fi

redhiyo yehi-fi

la clé

kii

le journal

pepanhau

la peinture

mufananidzo

le poster

posita

la radio

redhiyo

le bloc-notes

pekunyorera

l'aspirateur

muchina wekuhuvhisa

le cactus

chinanazi

la bougie

kenduru

la cuisine
kicheni

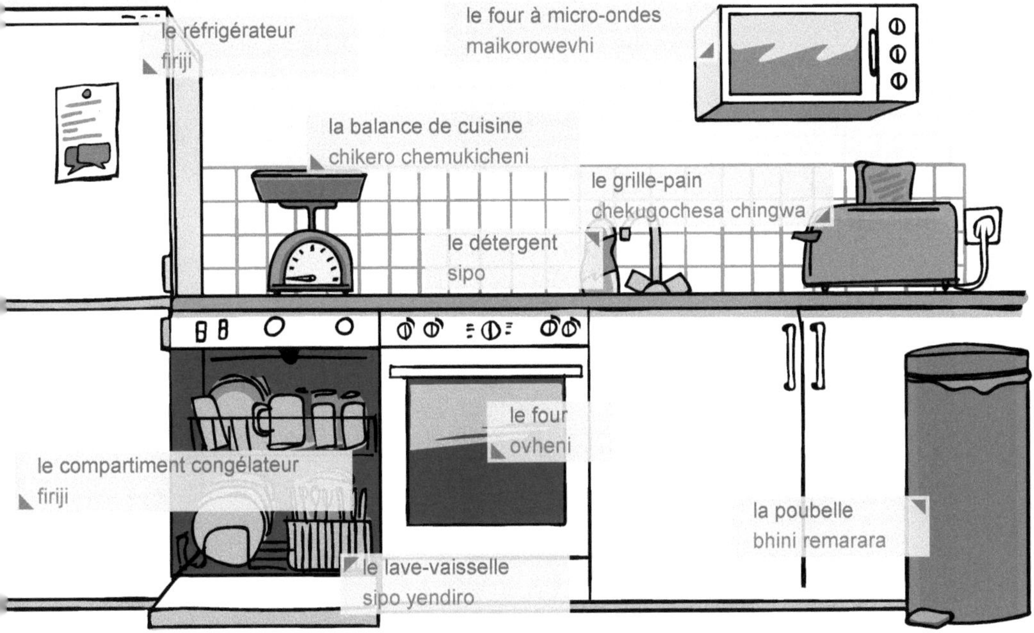

le réfrigérateur
firiji
le four à micro-ondes
maikorowevhi
la balance de cuisine
chikero chemukicheni
le grille-pain
chekugochesa chingwa
le détergent
sipo
le four
ovheni
le compartiment congélateur
firiji
la poubelle
bhini remarara
le lave-vaisselle
sipo yendiro

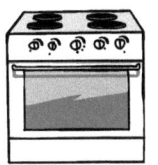

le four
chitofu

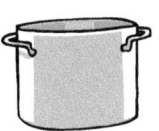

la casserole
poto

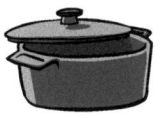

la marmite
poto yesimbi

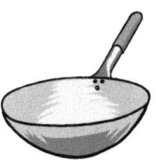

le wok / kadai
wok / kadai

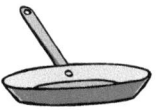

la poêle
pani

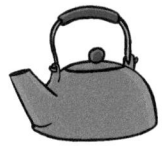

la bouilloire electrique
ketero

le cuiseur vapeur

chekubikisa neutsi hwemvura

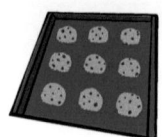

la plaque de cuisson

turei yekubhekesa

la vaisselle

ndiro

le gobelet

kapu

la coupe

dishi

les baguettes

tumiti twekudyisa

la louche

chipunu

la spatule

chipunu

le fouet

chekusanganisisa

la passoire

chekukunisa

le tamis

chekukunisa

la râpe

chekugiretesa

le mortier

duri

le barbecue

chiwaya

la cheminée

moto

la planche à découper

chekuchekera

le rouleau à pâtisserie

chekutsimbiririsa
mukanyiwa

le tire-bouchon

chekuvhurisa mabhodhoro
ewaini

la boîte

tini

l'ouvre-boîte

chekuvhurisa tini

les maniques

girovhosi rekubatisa
zvinopisa

le lavabo

singi

la brosse

bhurasho

l'éponge

chipanji

le mixeur

chinosanganisa

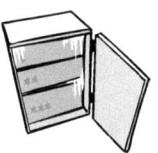

le congélateur

firiji

le biberon

bhodhoro remwana

le robinet

pombi

la cuisine - kicheni

la salle de bain

mekugezera

la douche
shawa
le chauffage
chinodziisa mumba
la serviette
tauro
le rideau de douche
keteni remushawa
le bain moussant
mvura yekugeza ine furo
la baignoire
mekugezera
le verre
girazi
la machine à laver
muchina wekuwachisa
le robinet
pombi
le carrelage
mataira
le pot
chipoti chemwana
le lavabo
singi

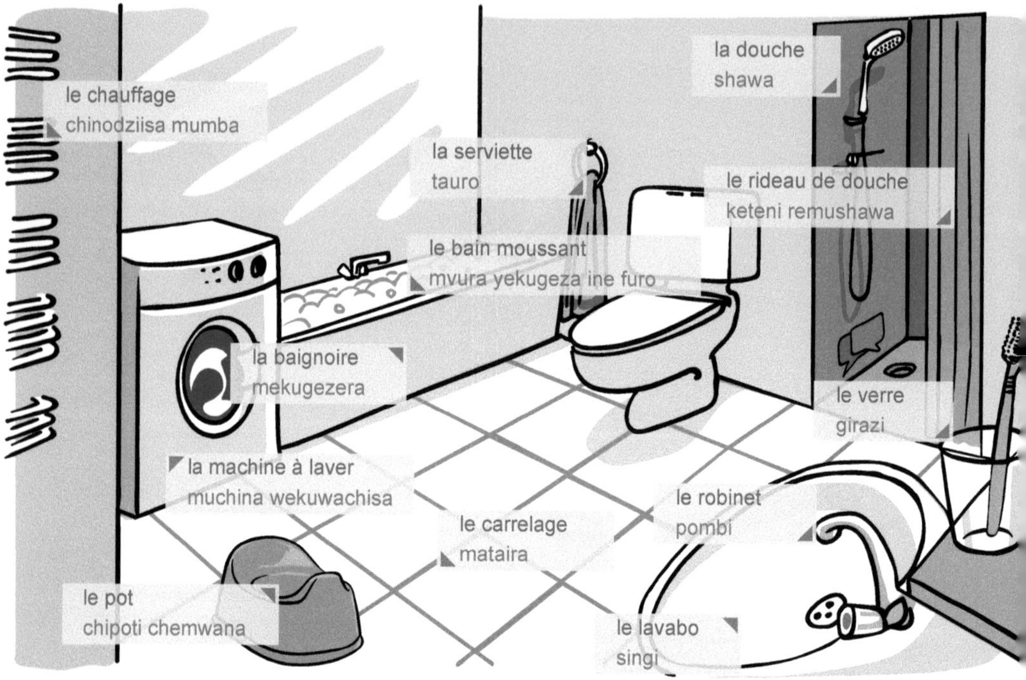

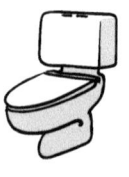

les toilettes

toireti

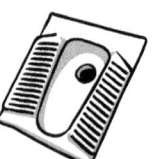

la toilette à la turque

toireti yegomba

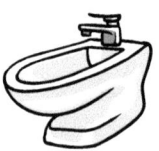

le bidet

chemba

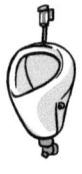

l'urinoir

chekuitira weti chevarume

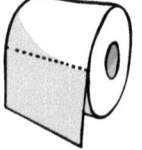

le papier toilette

pepa remutoireti

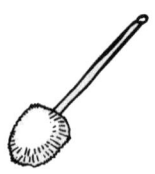

la brosse à toilette

bhurasho remutoireti

la brosse à dents

bhurasho remazino

le dentifrice

mushonga wemazino

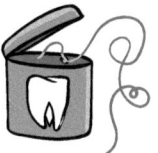

le fil dentaire

tambo yekugezesa mazino

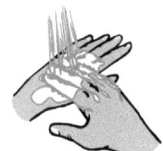

laver

kugeza

la douche manuelle

shawa yekuita zvekubata

la douche intime

douche

la vasque

bheseni

la brosse dorsale

bhurasho remusoro

le savon

sipo

le gel douche

sipo yekugezesa mushawa

le shampooing

shambuu

le gant de toilette

chekugezesa

l'écoulement

dhireni

la crème

mafuta

le déodorant

chinonhuwirira

le miroir

girazi

le miroir cosmétique

girazi remumaoko

le rasoir

chekugeresa ndebvu

la mousse à raser

furo rekugeresa ndebvu

l'après-rasage

mafuta ekuzora wagera
ndebvu

la peigne

kamu

la brosse

bhurasho

le sèche-cheveux

chekuomesa bvudzi

la laque pour cheveux

mushonga wekupfapfaidza
musoro

le fond de teint

zvekupodesa

le rouge à lèvres

chekupendesa muromo

le vernis à ongles

chekupendesa nzara

l'ouate

donje

le coupe-ongles

chigero chenzara

le parfum

pefiyumu

la trousse de toilette

bhegi rezvekugezesa

le tabouret

chituro

le pèse-personne

chikero

le peignoir

bathrobe

les gants de nettoyage

magirovhosi erabha

le tampon

tampon

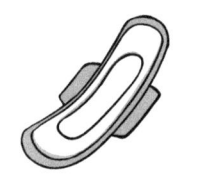

les serviettes hygiéniques

pedhi

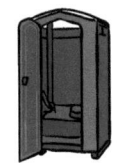

la toilette chimique

toireti inotakurwa

la chambre d'enfant

imba yemwana

le réveil
wachi
le doudou
chitoyi chekurara nacho
la voiture jouet
mota yekutambisa
le hochet
hosho
la maison de poupée
kamba kezvidhori
le cadeau
chipo

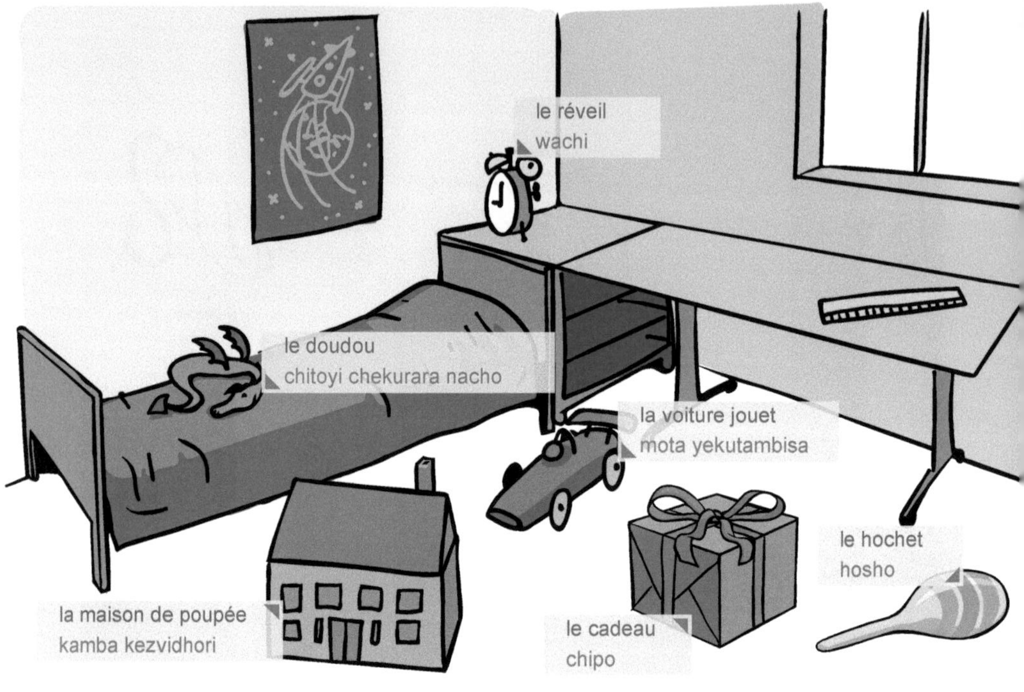

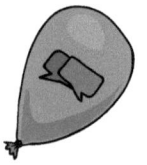

le ballon

chibharuma

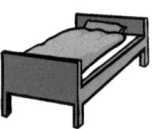

le lit

mubhedha

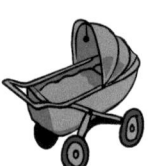

la poussette

purema

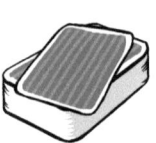

le jeu de cartes

makadhi ekutamba

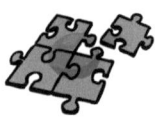

le puzzle

puzzle

SUPER MEGA

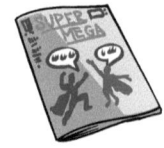

la bande dessinée

makatuni ekuverenga

les pièces lego

zvekuvakisa zvinhu

les blocs de construction

mabhuroko ekuvakisa

la figurine

chidhori

la grenouillère

babygrow

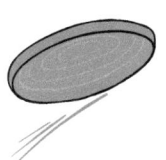

le frisbee

chekutambisa uchikanda

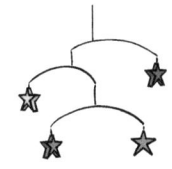

le mobile

zvekuvaraidza mwana

le jeu de société

gemu rinotambirwa pabhodhi

le dé

dhaisi

le train miniature

zvitima zvekutambisa

la sucette

chidhami

la fête

mabiko

le livre d'images

bhuku remapikicha

la balle

bhora

la poupée

chidhori

jouer

kutamba

le bac à sable

majecha ekutambira

la balançoire

muzeerere

les jouets

zvekutambisa

la console de jeu

chekutambisa magemu
emavhidhiyo

le tricycle

kabhasikoro kemavhiri
matatu

l'ours en peluche

teddy bear

l'armoire

wadhiropu

les vêtements

zvipfeko

les chaussettes

masokisi

les bas

masokisi

le collant

matirauzi anobata muviri

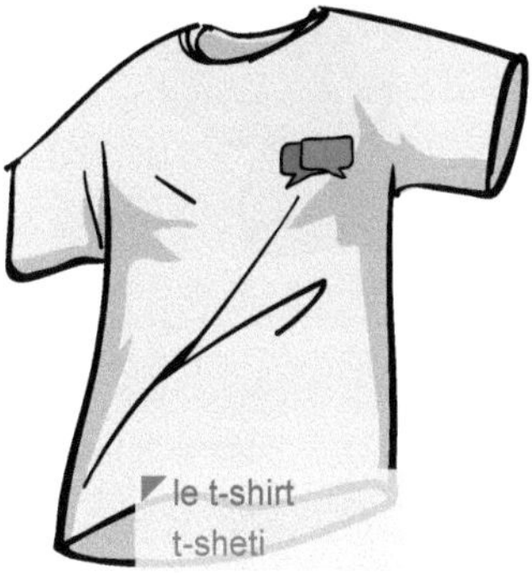

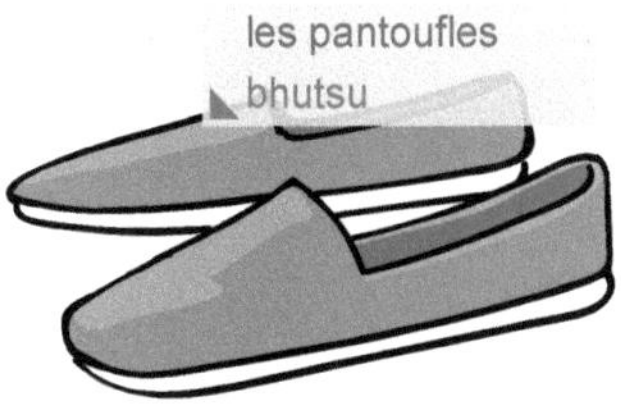

l'écharpe
sikavha

la ceinture
bhandi

le parapluie
amburera

le t-shirt
t-sheti

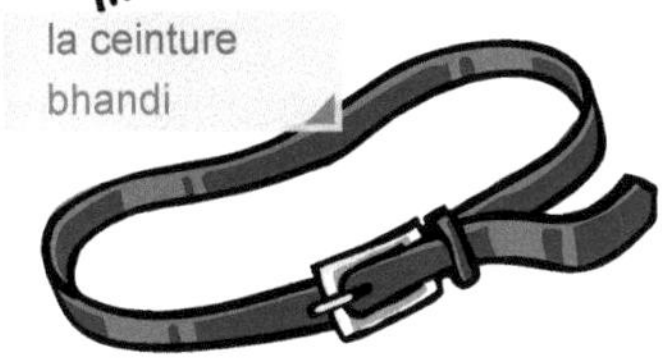

les bottes
majombo

les pantoufles
bhutsu

les baskets
bhutsu

les sandales
....
masanduru

les chaussures
....
bhutsu

les bottes de caoutchouc
....
magambutsu

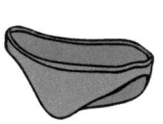

les sous-vêtements
....
nduwe

le soutien-gorge
....
bhodhi

le maillot de corps
....
vhesi

le body
muviri

le pantalon
tirauzi

le jean
jini

la jupe
siketi

le chemisier
bhurauzi

la chemise
hembe

le pull
bhachi

le sweat à capuche
chibhachi

la veste
bhachi

la veste
bhachi

le manteau
jasi

l'imperméable
renikoti

le costume
koshitomu

la robe
dhirezi

la robe de mariée
dhirezi remuchato

le costume

sutu

la chemise de nuit

hembe yekurarisa

le pyjama

mapijama

le sari

chari

le foulard

headscarf

le turban

heti

la burqa

burqa

le caftan

kaftan

l'abaya

abaya

le maillot de bain

hembe yekutuhwinisa

le maillot de bain

chikabudura

le short

chikabudura

la tenue d'entraînement

tirekisutu

le tablier

apuroni

les gants

magirovhosi

le bouton

bhatani

les lunettes

magirazi

le bracelet

bhenguru

le collier

chuma

la bague

rin'i

la boucle d'oreille

mhete

le bonnet

kepisi

le cintre

hen'a

le chapeau

heti

la cravate

tai

la fermeture éclair

zipi

le casque

herumeti

les bretelles

mabhandi

l'uniforme scolaire

yunifomu yekuchikoro

l'uniforme

yunifomu

le bavoir

chibhibhi

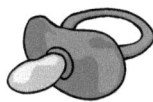

la sucette

chidhami

la lange

napukeni

le bureau

hofisi

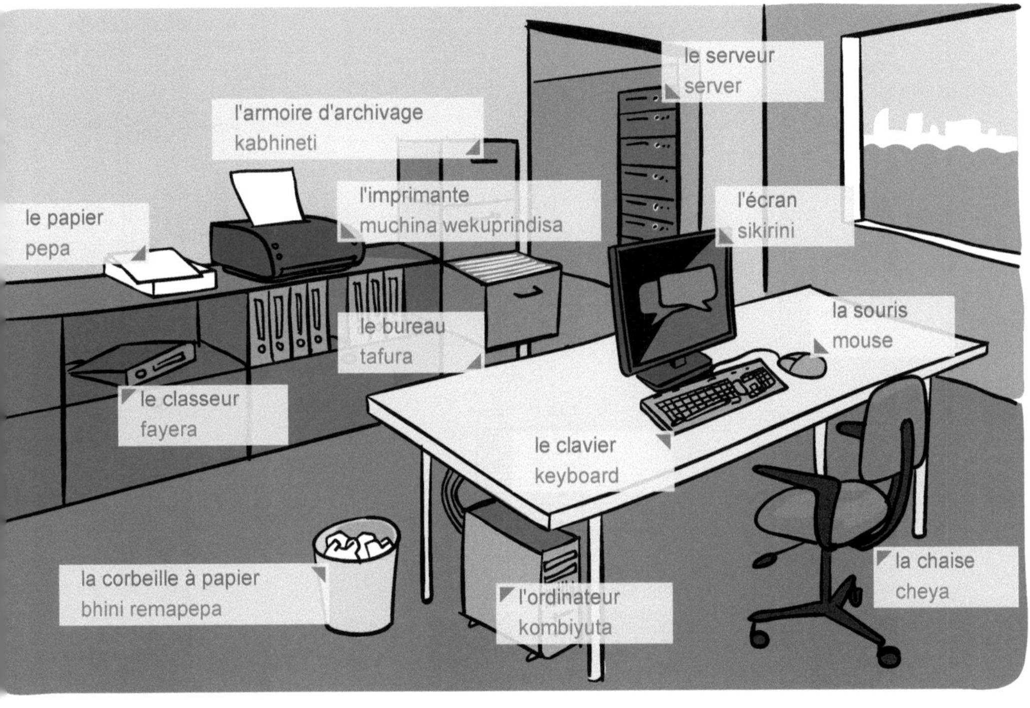

le serveur
server

l'armoire d'archivage
kabhineti

l'imprimante
muchina wekuprindisa

l'écran
sikirini

le papier
pepa

le bureau
tafura

la souris
mouse

le classeur
fayera

le clavier
keyboard

la corbeille à papier
bhini remapepa

la chaise
cheya

l'ordinateur
kombiyuta

la tasse de café

kapu yekofi

la calculatrice

kakureta

l'internet

indaneti

l'ordinateur portable

laptop

la lettre

tsamba

le message

tsamba

le portable

serura

le réseau

network

la photocopieuse

muchina wekufotokopesa

le logiciel

software

le téléphone

foni

la prise

pekupfekera magetsi

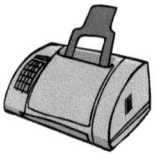

le fax

muchina wefax

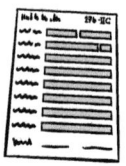

le formulaire

fomu

le document

gwaro

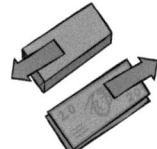

acheter

kutenga

payer

kubhadhara

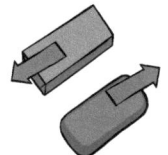

faire du commerce

kutengesa

la monnaie

mari

 USD

le dollar

Dhora

 EUR

l'euro

Euro

 JPY

le yen

Yen

 RUB

le rouble

rouble

 CHF

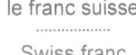

le franc suisse

Swiss franc

 CNY

le renminbi yuan

renminbi yuan

 INR

la roupie

rupee

le distributeur automatique

panobhadharwa

le bureau de change

panochinjwa mari

l'or

goridhe

l'argent

sirivha

le pétrole

mafuta

l'énergie

magetsi

le prix

mutengo

le contrat

chibvumirano

la taxe

mutero

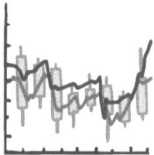

l'action

masitoku

travailler

kushanda

l'employé

mushandi

l'employeur

mushandirwi

l'usine

fekitari

le magasin

chitoro

l'agent de police
mupurisa

le pompier
mudzimi wemoto

le cuisinier
mubiki

le médecin
chiremba

le pilote
mutyairi wendege

le jardinier

mushandi wemugadheni

le menuisier

muvezi

la couturière

mukadzi anosona

le juge

mutongi

le chimiste

anoita zvemishonga

l'acteur

ekita

le conducteur de bus

mutyairi webhazi

le chauffeur de taxi

mutyairi wetaxi

le pêcheur

muredzi

la femme de ménage

mudzimai anochenesa

le couvreur

anogadzira denga

le serveur

hweta

le chasseur

muvhimi

le peintre

anopenda

le boulanger

mubiki wechingwa

l'électricien

mugadziri wemagetsi

l'ouvrier

muvaki

l'ingénieur

injiniya

le boucher

mushandi wemubhucha

le plombier

puramba

le facteur

positimeni

le soldat

musoja

l'architecte

anoita mapurani edzimba

le caissier

mutengesi

le fleuriste

mugadziri wemaruva

le coiffeur

mugadziri wemusoro

le contrôleur

kondakita

le mécanicien

makanika

le capitaine

kaputeni

le dentiste

chiremba wemazino

le scientifique

musayindisti

le rabbin

rabbi

l'imam

imam

le moine

mumonk

le prêtre

mufundisi

les outils

maturusi

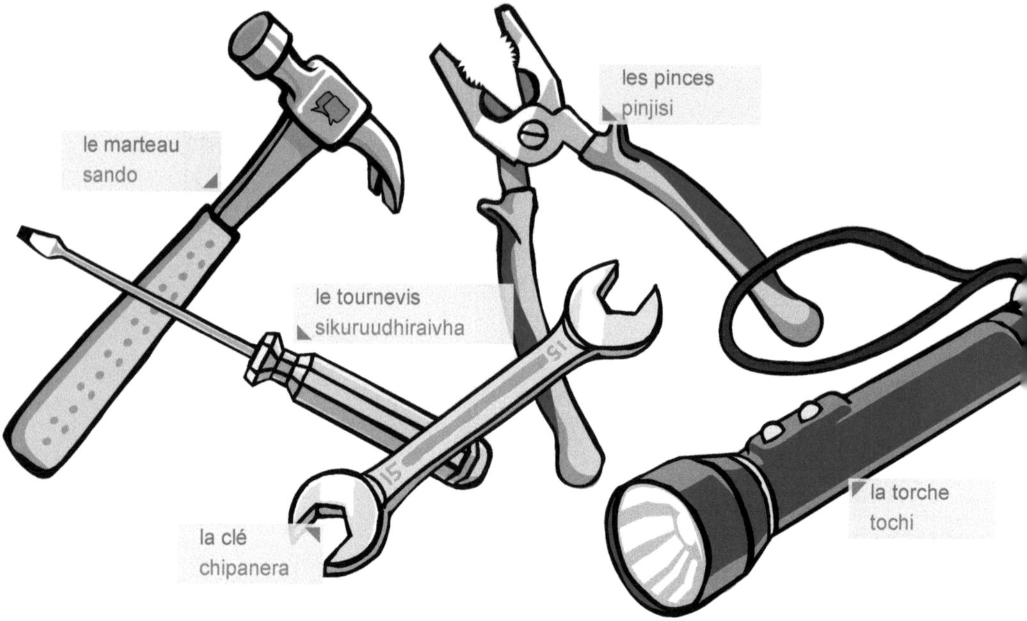
les pinces
pinjisi
le marteau
sando
le tournevis
sikuruudhiraivha
la torche
tochi
la clé
chipanera

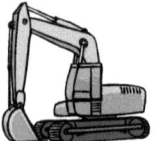

la pelleteuse

chikatapira

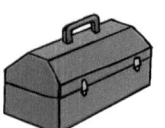

la boîte à outils

bhokisi rematurusi

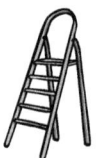

l'échelle

manera

la scie

saha

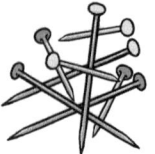

les clous

zvipikiri

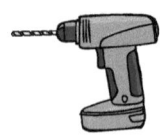

la perceuse

chibooreso

réparer

kugadzira

la pelle

foshoro

Mince !

Nxa!

la pelle

chidyoreso

le pot de peinture

gaba rependi

les vis

masikuruu

les instruments de musique
zviridzwa

la batterie
ngoma dzakasiyana-siyana

le haut-parleurs
sipika

la contrebasse
chiridzwa chebhesi

la trompette
bhosvo

la guitare
gitare

le piano

piyano

le violon

violin

la basse

gitare rebhesi

les timbales

ngoma

le tambour

ngoma

le piano électrique

piyano yemagetsi

le saxophone

saxophone

la flûte

nyere

le microphone

maikorofoni

le zoo

munochengeterwa mhuka

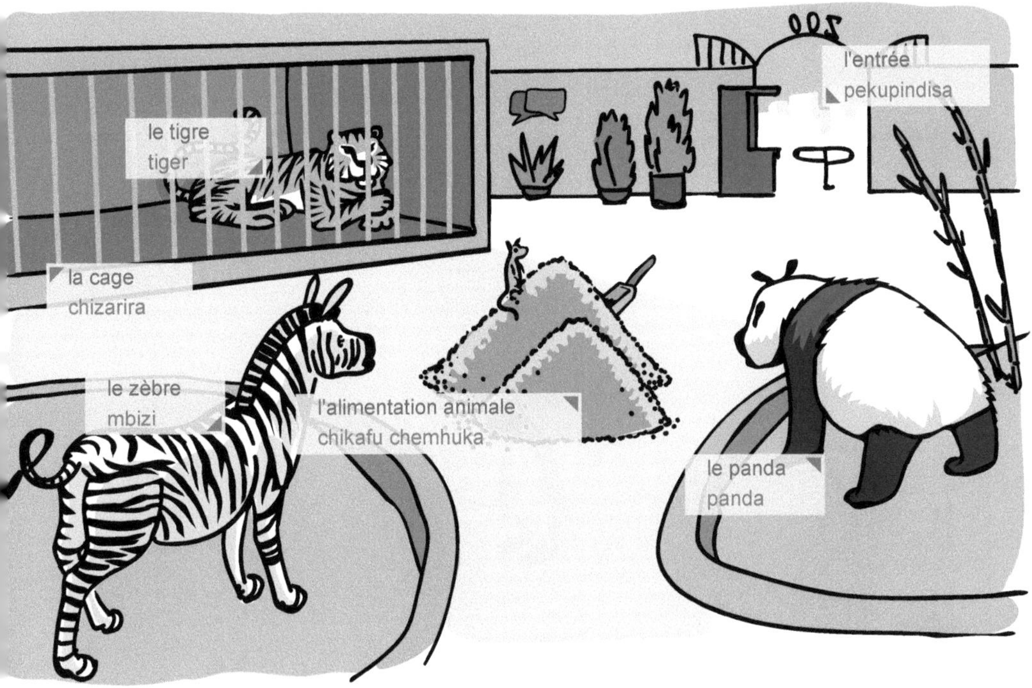

zoo
l'entrée
pekupindisa
le tigre
tiger
la cage
chizarira
le zèbre
mbizi
l'alimentation animale
chikafu chemhuka
le panda
panda

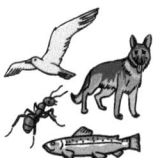

les animaux

mhuka

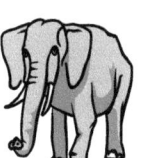

l'éléphant

nzou

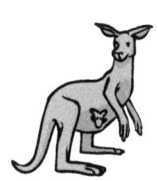

le kangourou

kangaruru

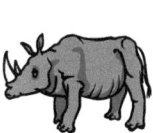

le rhinocéros

chipembere

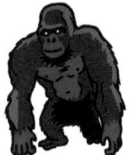

le gorille

gorilla

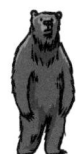

l'ours

bear

le chameau

ngamera

l'autruche

mhou

le lion

shumba

le singe

tsoko

le flamand rose

flamingo

le perroquet

parrot

l'ours polaire

bear rekuchando

le pingouin

penguin

le requin

shark

le paon

pikoko

le serpent

nyoka

le crocodile

garwe

le gardien de zoo

muchengeti wenzvimbo
yemhuka

le phoque

seal

le jaguar

jaguar

le zoo - munochengeterwa mhuka

le poney

nyurusi

le léopard

ingwe

l'hippopotame

mvuu

la girafe

twiza

l'aigle

gondo

le sanglier

nguruve yemusango

le poisson

hove

la tortue

kamba

le morse

walrus

le renard

gava

la gazelle

nhoro

l'american Football
bhora rekuAmerica

le cyclisme
kuchovha

le tennis
tenisi

le basket-ball
bhora rebhasiketi

la natation
kutuhwina

la boxe
tsiva

le hockey sur glace
hockey yemuchando

le football
nhabvu

le badminton
badminton

l'athlétisme
zvekumhanya

le handball
bhora remaoko

le ski
kuita ski

le polo
polo

sauter
kusvetuka

embrasser
kumbundira

rire
kuseka

chanter
kuimba

marcher
kufamba

prier
kunyengetera

faire la bise
kutsvoda

rêver
kurota

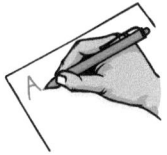

écrire
nyora

dessiner
kudhirowa

montrer
kuratidza

pousser
kusunda

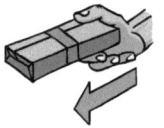

donner
kupa

prendre
kutora

avoir

kuva ne

faire

kuita

être

kuva

être debout

kumira

courir

kumhanya

trier

kudhonza

jeter

kukanda

tomber

kudonha

être couché

kurara

attendre

kumirira

porter

kutakura

être assis

kugara

s'habiller

kupfeka

dormir

kurara

se réveiller

kumuka

regarder

kutarisa

pleurer

kuchema

caresser

kupuruzira

peigner

kukama

parler

kutaura

comprendre

kunzwisisa

demander

kubvunza

écouter

kuteerera

boire

kunwa

manger

kudya

ranger

kuchenesa

aimer

kuda

cuire

kubika

conduire

kutyaira

voler

kubhururuka

faire de la voile

kufambiswa nemhepo

calculer

kakureta

lire

kuverenga

apprendre

kudzidza

travailler

kushanda

se marier

kuroora / kuroorwa

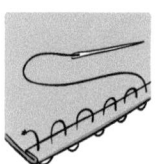

coudre

kusona

brosser les dents

kukwesha mazino

tuer

kuuraya

fumer

kuputa

envoyer

kutumira

la grand-mère
ambuya

le grand-père
sekuru

le père
baba

la mère
amai

le bébé
mwana

la fille
mwanasikana

le fils
mwanakomana

l'hôte

muenzi

la tante

tete

l'oncle

sekuru

le frère

hanzvadzikomana

la sœur

hanzvadzisikana

le corps

muviri

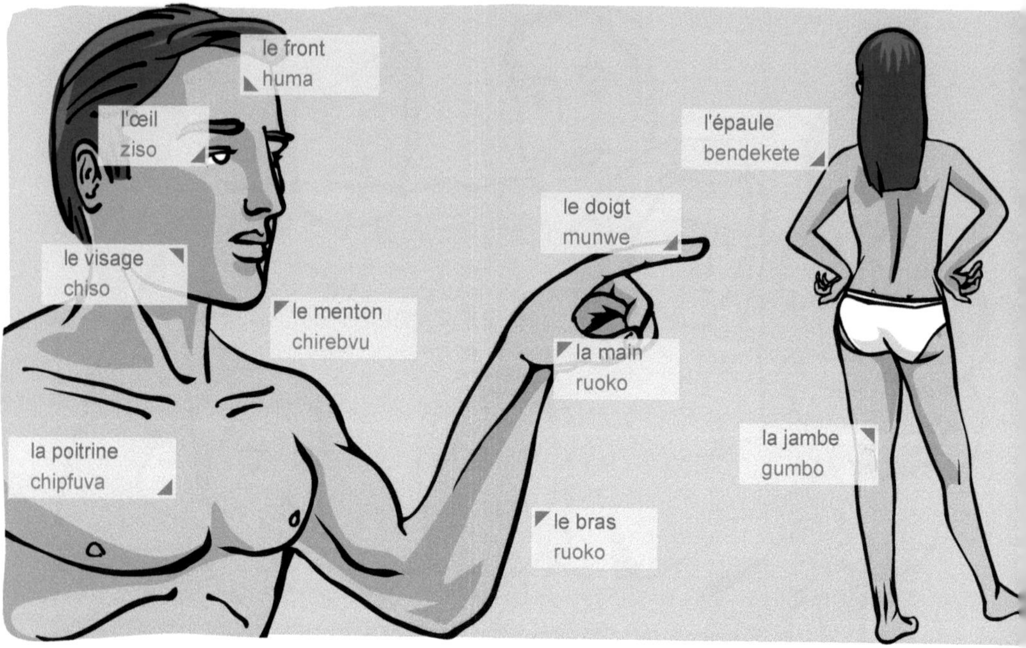

le front
huma

l'œil
ziso

le visage
chiso

le menton
chirebvu

la poitrine
chipfuva

l'épaule
bendekete

le doigt
munwe

la main
ruoko

le bras
ruoko

la jambe
gumbo

le bébé

mwana

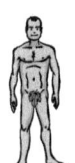

l'homme

murume

la femme

mukadzi

la fille

musikana

le garçon

mukomana

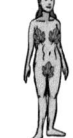

la tête

musoro

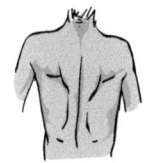

le dos

musana

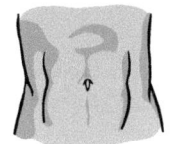

le ventre

dumbu

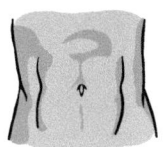

le nombril

guvhu

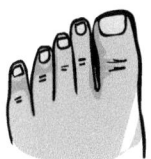

l'orteil

chigunwe

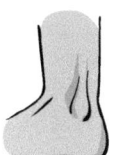

le talon

chitsitsinho

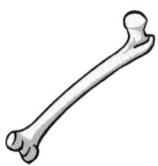

l'os

bhonzo

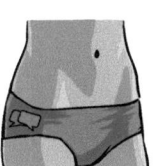

la hanche

hudyu

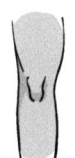

le genou

ibvi

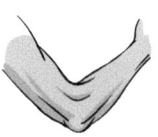

le coude

gokora

le nez

mhino

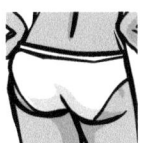

les fesses

garo

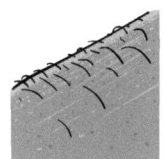

la peau

ganda

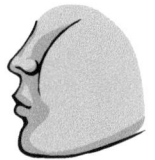

la joue

dama

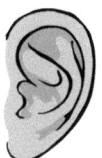

l'oreille

nzeve

la lèvre

muromo

la bouche
....
mukanwa

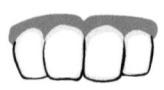

la dent
....
zino

la langue
....
rurimi

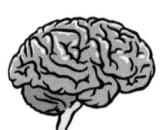

le cerveau
....
uropi

le cœur
....
mwoyo

le muscle
....
tsandanyama

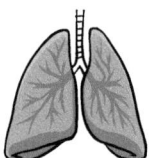

les poumons
....
bapu

le foie
....
chitaka

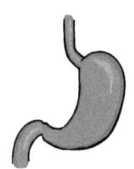

l'estomac
....
dumbu

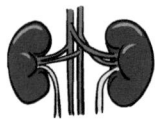

les reins
....
itsvo

le rapport sexuel
....
kuita bonde

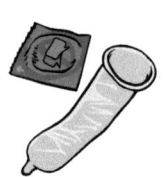

le préservatif
....
kondomu

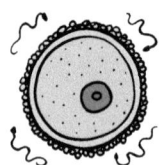

l'ovule
....
zai

le sperme
....
urume

la grossesse
....
nhumbu

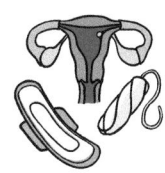

la menstruation

kuenda kumwedzi

le vagin

sikarudzi

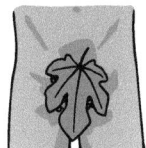

le pénis

mboro

le sourcil

tsiye

les cheveux

bvudzi

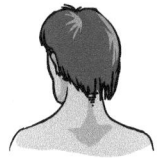

le cou

mutsipa

le corps - muviri

l'hôpital

chipatara

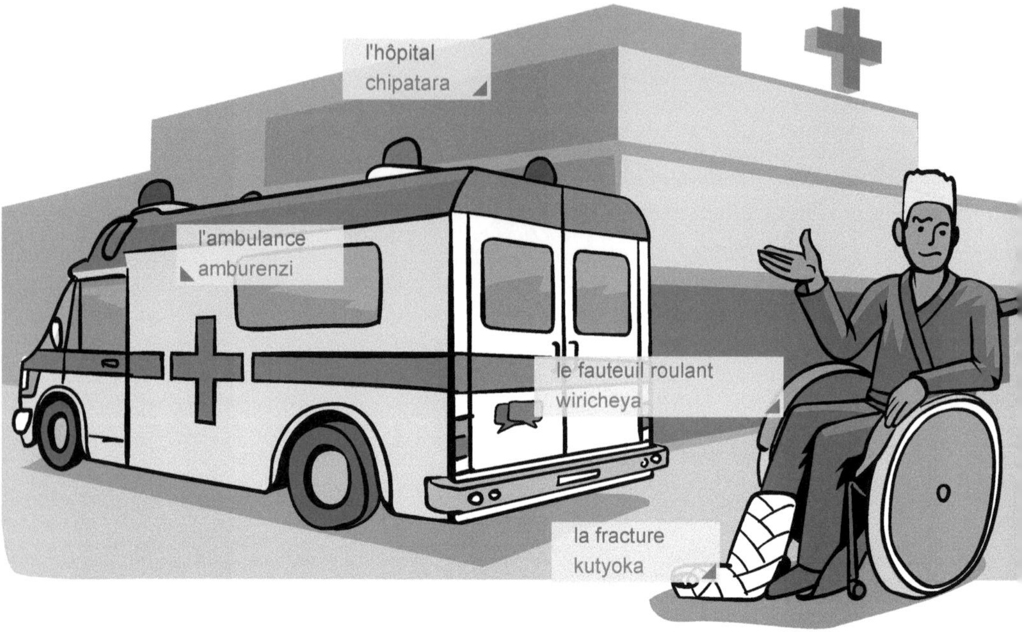

l'hôpital
chipatara
l'ambulance
amburenzi
le fauteuil roulant
wiricheya
la fracture
kutyoka

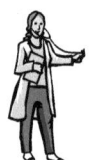

le médecin

chiremba

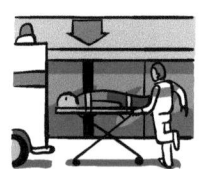

le service des urgences

imba yerubatsiro

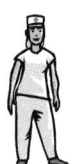

l'infirmière

nesi

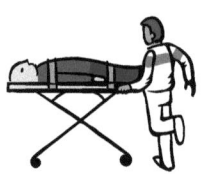

l'urgence

zvekukurumidza

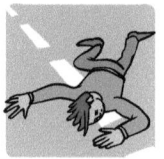

inconscient

kufenda

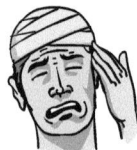

la douleur

rwadza

la blessure
....
kukuvara

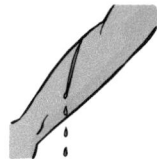

l'hémorragie
....
kubuda ropa

la crise cardiaque
....
kuerekana mwoyo
usisashandi

l'attaque cérébrale
....
kuoma rutivi

l'allergie
....
zvinorwarisa

la toux
....
chikosoro

la fièvre
....
fivha

la grippe
....
furuu

la diarrhée
....
manyoka

le mal de tête
....
kutemwa nemusoro

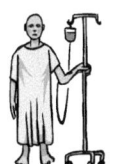

le cancer
....
mhuka

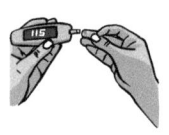

le diabète
....
chirwere cheshuga

le chirurgien
....
muvhiyi

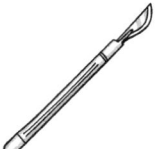

le scalpel
....
kabanga keoparesheni

l'opération
....
oparesheni

l'hôpital - chipatara

73

le CT

CT

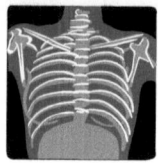

la radiographie

x-ray

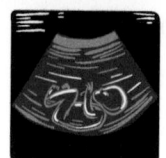

l'échographie

ultrasound

le masque

chekuvharisa mhino nemuromo

la maladie

chirwere

la salle d'attente

mekumirira kurapiwa

la béquille

chidhondoro

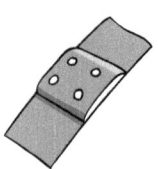

le pansement

purasita

le pansement

bhandiji

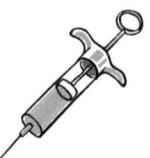

l'injection

jekiseni

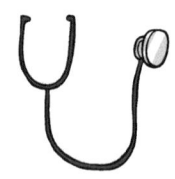

le stéthoscope

chekuteerera nacho mukati

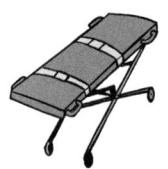

le brancard

kamubhedha kemurwere

le thermomètre

chekutoresa nacho tembiricha

l'accouchement

kuzvara

la surcharge pondérale

kufuta

l'appareil auditif

chekubatsira kunzwa

le désinfectant

mushonga unouraya
utachiona

l'infection

utachiona

le virus

vhairasi

le VIH / le sida

HIV / AIDS

le médicament

mushonga

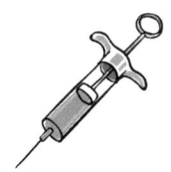

la vaccination

kudzivirira zvirwere

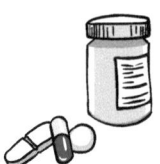

les comprimés

mapiritsi

la pilule

piritsi

l'appel d'urgence

kufonera rubatsiro ipapo
ipapo

le tensiomètre

muchina wekuyeresa BP

malade / sain

kurwara / kugwinya

Au secours !

Maiwe!

l'alarme

bhero

l'assaut

kurwisa

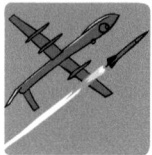

l'attaque

kurwisa

le danger

ngozi

la sortie de secours

pekupuda napo zvechimbi-
chimbi

Au feu!

Moto!

l'extincteur

chekudzimisa moto

l'accident

tsaona

la trousse de premier
secours

zvinhu zvefirst aid

SOS

SOS

la police

mapurisa

l'Europe

Europe

l'Amérique du Nord

Kuchamhembe kweAmerica

l'Amérique du Sud

Kumaodzanyemba kweAmerica

l'Afrique

Africa

l'Asie

Asia

l'Australie

Australia

l'Océan atlantique

Atlantic

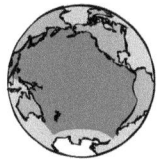

l'Océan pacifique

Pacific

l'Océan indien

Nyanza yeIndia

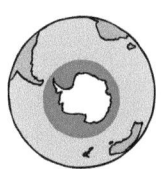

l'Océan antarctique

Nyanza yeAntarctic

l'Océan arctique

Nyanza yeArctic

le Pôle nord

Kuchamhembe

le Pôle sud

Kumaodzanyemba

l'Antarctique

Antarctica

la terre

Nyika

le pays

nyika

la mer

gungwa

l'île

chitsuwa

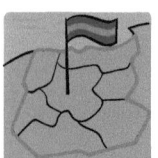

la nation

nyika

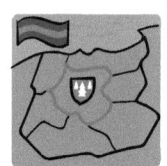

l'état

nyika

le cadran

wachi

l'aiguille des heures

chinongedza awa

l'aiguille des minutes

chinongedza miniti

l'aiguille des secondes

chinongedza masekondi

Quelle heure est-il ?

Inguvai?

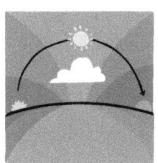

le jour

zuva

le temps

nguva

maintenant

izvozvi

la montre digitale

wachi yemanhamba

la minute

miniti

l'heure

awa

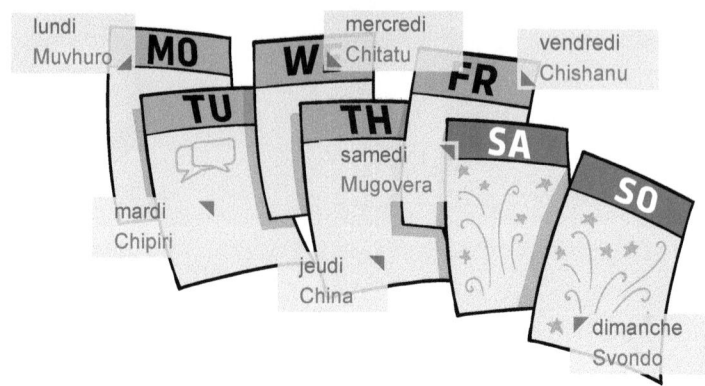

lundi
Muvhuro

mercredi
Chitatu

vendredi
Chishanu

mardi
Chipiri

jeudi
China

samedi
Mugovera

dimanche
Svondo

hier

nezuro

aujourd'hui

nhasi

demain

mangwana

le matin

mangwanani

le midi

masikati

le soir

manheru

MO	TU	WE	TH	FR	SA	SU
1	2	3	4	5	6	7
8	9	10	11	12	13	14
15	16	17	18	19	20	21
22	23	24	25	26	27	28
29	30	31	1	2	3	4

les jours ouvrables

mazuva ebasa

MO	TU	WE	TH	FR	SA	SU
1	2	3	4	5	6	7
8	9	10	11	12	13	14
15	16	17	18	19	20	21
22	23	24	25	26	27	28
29	30	31	1	2	3	4

le week-end

kupera kwevhiki

l'année
gore

l'arc-en-ciel
muraraungu
la pluie
mvura
la neige
chando
le vent
mhepo
le printemps
chirimo
l'automne
matsutso
l'été
zhizha
l'hiver
chando

4.APRIL 11°
5.APRIL 4°
6.APRIL 13°
7.APRIL 8°
8.APRIL 10°

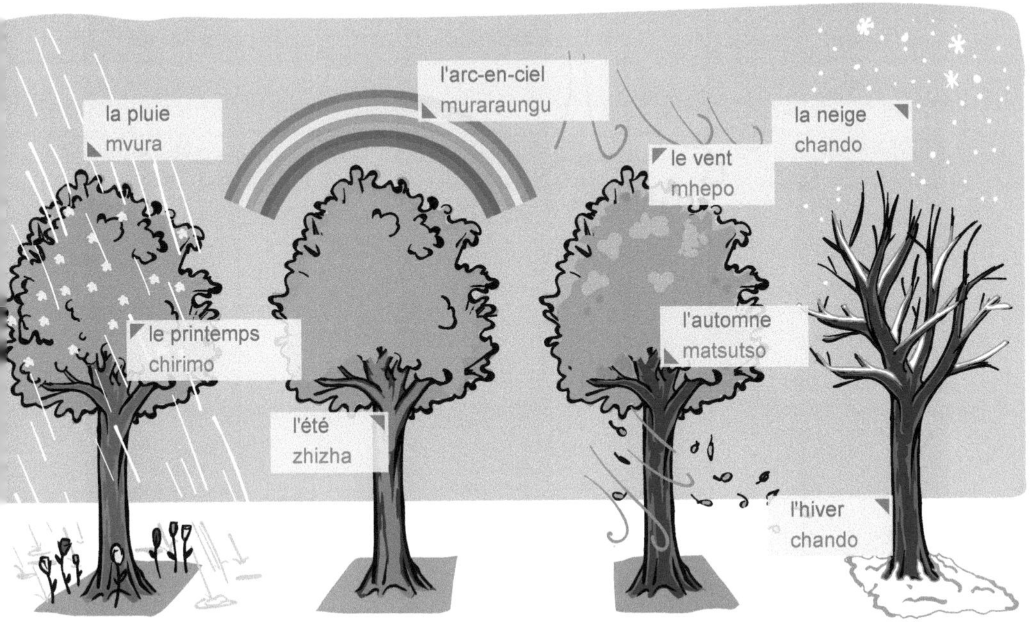

la météo

mamiriro ekunze anofungidzirwa

F C
120 40
90 30
60 20
30 10
0 0
-30 -10
-20

le thermomètre

chekutoresa tembiricha

la lumière du soleil

zuva

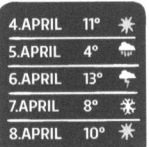

le nuage

makore

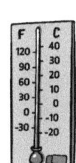

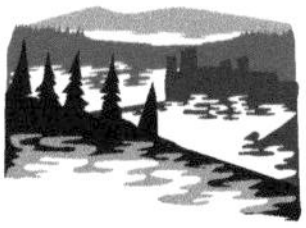

le brouillard

mhute

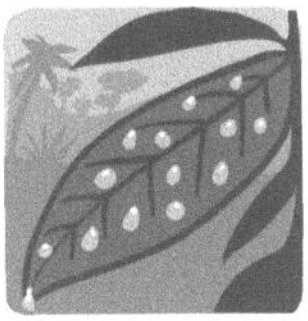

l'humidité

hunyoro

la foudre

mheni

la tonnerre

kutinhira

la tempête

dutu

la grêle

chivhuramabwe

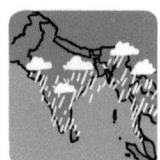

la mousson

mhepo ine mvura

l'inondation

mafashamo

la glace

mazaya echando

janvier

Ndira

février

Kukadzi

mars

Kurume

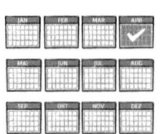

avril

Kubvumbi

mai

Chivabvu

juin

Chikumi

juillet

Chikunguru

août

Nyamavhuvhu

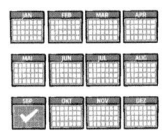

septembre
....
Gunyana

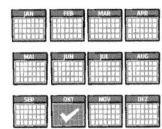

octobre
....
Gumiguru

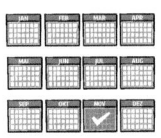

novembre
....
Mbudzi

décembre
....
Zvita

les formes

mashepu

le cercle
....
denderedzwa

le carré
....
sikweya

le rectangle
....
rectangle

le triangle
....
triangle

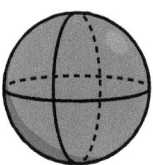

la sphère
....
bhora

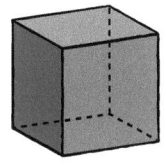

le cube
....
bhokisi

blanc

chena

jaune

yero

orange

orenji

rose

pingi

rouge

tsvuku

violet

pepuru

bleu

bhuruu

vert

girini

marron

kaki

gris

gireyi

noir

nhema

beaucoup / peu

zvakawanda / zvishoma

fâché / calme

hasha / dzikama

joli / laid

naka / shata

le début / la fin

kutanga / kuguma

grand / petit

hombe / diki

clair / obscure

jeka / rima

frère / soeur

hanzvadzikomana /
hanzvadzisikana

propre / sale

chena / sviba

complet / incomplet

kwana / kusakwana

le jour / la nuit

masikati / usiku

mort / vivant

yakafa / mhenyu

large / étroit

pamhamha / tetepa

comestible / incomestible

unodyiwa / haudyiwi

méchant / gentil

utsinye / mutsa

excité / ennuyé

kunakidzwa / kufinhwa

gros / mince

kobvuka / tetepa

le premier / le dernier

kutanga / kupedzisira

l'ami / l'ennemi

shamwari / muvengi

plein / vide

rakazara / hairina kuzara

dur / souple

oma / pfava

lourd / léger

rema / reruka

faim / soif

nzara / nyota

malade / sain

kurwara / kugwinya

illégal / légal

zvisiri pamutemo / zviri
pamutemo

intelligent / stupide

kungwara / kupusa

gauche / droite

ruboshwe / rudyi

proche / loin

pedyo / kure

nouveau / usé

matsva / matsaru

rien / quelque chose

hapana / chiripo

vieux / jeune

kuru / duku

marche / arrêt

batidza/dzima

ouvert / fermé

vhurika / vharika

faible / fort

nyarara / ruzha

riche / pauvre

mupfumi / murombo

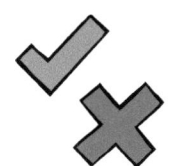

correct / incorrect

chakanaka / chakaipa

rugueux / lisse

kukasharara /
kutsvedzerera

triste / heureux

kusuwa / kufara

court / long

pfupi / refu

lent / rapide

nonoka / kurumidza

mouillé / sec

nyoro / oma

chaud / froid

dziya / tonhora

la guerre / la paix

hondo / rugare

0

zéro

zero

1

un / une

potsi

2

deux

piri

3

trois

tatu

4

quatre

ina

5

cinq

shanu

6

six

nhanhatu

7

sept

nomwe

8

huit

sere

9

neuf

pfumbamwe

10

dix

gumi

11

onze

gumi neimwe

12

douze

gumi nembiri

13

treize

gumi netatu

14

quatorze

gumi neina

15

quinze

gumi neshanu

16

seize

gumi nenhanhatu

17

dix-sept

gumi nenomwe

18

dix-huit

gumi nesere

19

dix-neuf

gumi nepfumbamwe

20

vingt

makumi maviri

100

cent

zana

1.000

mille

chiuru

1.000.000

le million

miriyoni

l'anglais

Chirungu

l'anglais américain

Chirungu chekuAmerica

le chinois mandarin

Mandarin yekuChina

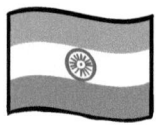

le hindi

ChiHindi

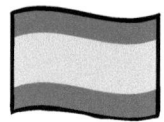

l'espagnol

ChiSpanish

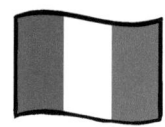

le français

ChiFrench

l'arabe

ChiArabic

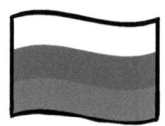

le russe

ChiRussian

le portugais

ChiPortuguese

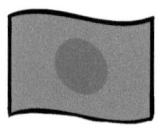

le bengali

ChiBengali

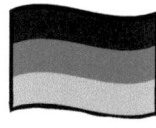

l'allemand

ChiGerman

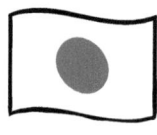

le japonais

ChiJapanese

je

ini

tu

iwe / imi

il / elle / ce, c', cela

iye

nous

isu

vous

imi

ils / elles

ivo

Qui ?

ani?

Quoi ?

chii?

Comment ?

sei?

Où ?

kupi?

Quand ?

riini?

le nom

zita

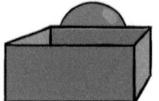

derrière

seri

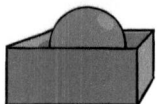

dans

mukati

devant

pamberi

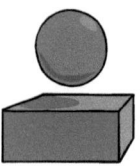

au-dessus

nepamusoro

sur

pamusoro

en-dessous

pasi

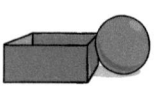

à côté de

divi

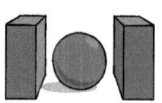

entre

pakati

le lieu

nzvimbo